JN441114

불빛 아래 두고 온 그리움

불빛 아래 두고 온 그리움

고방규 시집

을지출판공사

| 시인의 말 |

내가 이것이 행운이라면
이 가을에 시집 발간을 준비하면서
人生이 가을처럼 세월을 먹으면
왠지 쓸쓸하게만 느껴질 것 같다.
그렇게 살아 그냥
幸福하게 살기 위해 찾아 나서는 이가 있다.
행복은 따로 있는 게 아니라 내 마음속에 있는 걸

가을은 멀쩡한 사람의 마음을 한없이 쓸쓸하게 한다.
지는 낙엽이 그러하고 부는 바람이 그러하다.
나이 들수록 가을이 주는 상념은 더욱 그러하더라.
가만히 앉아 있어도 눈물이 나고
바라만 봐도 사색이 많아지는 계절인가 보다.
떠나가는 것이 많아서일까?
저문다는 것에 대한 애절함 때문일까?

그도 그럴 것이
온갖 꽃을 피우고 온갖 새들이 노닐다 간
숲 속의 나무들도 하나 둘씩 갈색으로 변하고
끝내 한잎 두잎 떨어지는
계절의 변화를 보면서 산다는 것이 무엇이고
삶이란 또 무엇인가에 대해 생각이 깊어지는 것은
어쩔 수 없을 게다.

자연의 순환 이치가 어디 자연뿐이랴
젊었을 때는 젊음인 줄 모르고
사랑할 때는 사랑인 줄 모르고
지나간 생의 뒤안길을 더듬어 보면
후회스러운 일이 한두 가지가 아니지 않는가.

묵묵히 걸어온 저 길 위에 핀
겸손하면서 소담스런 가을꽃을 보노라면
그래도 성실하게 살아온 날들의 일과가
주마등처럼 뇌리를 스쳐 간다.

이 시집이 나오기까지 물심양면으로
배려를 아끼지 않은 을지출판공사 대표님
그리고 응원과 용기,
세심한 가족 사랑에 감사의 마음을 전합니다.

2026년 새해

옥제서실에서
고 방 규

차례

Contents

제 2 부 내 그림자를 보며

Contents

제3부 그 대

제4부 내 마음같이

제 1 부

세월이 가는데

늘 마음속에 그리운 사람
그대 얼굴을
떠올리며 조용히 미소 지어 봅니다

파도

끝없이 펼쳐진 갯벌에 누워
차오르는 동녘의 일월日月
하늘은 하얀 아침으로 걸어오고
맞이하기 위해
갯벌 뒤편을 바라보고 있다

갈대숲을 적시고 있는 파도는
갯벌을 어루만지며
바다로 바다로 나오고 있다
아직 등댓불 밝히기 전인데
푸른 저 바다 하루가 저문다
푸른 손짓으로
온종일 수평선만 바라보다

빈 배로 돌아오는 파도 위에
그리움만 살포시 벗어 놓는 갯벌
누우면 가재들의 천국이 펼쳐져
한바탕 잔치판이 벌어진다
오늘도
파도는 하루해를 조용히 접는다

바다

수평선 하늘 맞닿은 선
수많은 시련 안고 있으련만
억만년 숱한 난고에도

그 많은 가솔들 품 안에 거느리며
한 많은 눈물 짓던 사연들

뼈아픈 전쟁들 하늘 아래
소용돌이 속에서도
그 영혼들은 입을 닫고 있습니다

말 못할 사연들 많아도 가슴앓이로
깨지고 부딪치며 시퍼렇게 멍들어도
묵묵히 그대 얼굴 말이 없습니다

칠흑같이 어두운 밤에도 한을 쏟아 내리며
입 다문 채 오늘밤도 남해를 안고 있습니다

세월이 가는데

늘
마음속에 그리운 사람
그대 얼굴을
떠올리며 조용히 미소 지어 봅니다
지금까지 살아오면서 무엇인가 하고 싶고
얻으려 땀 흘려 노력하며 살아온 내 인생입니다

많이 남지 않은 자투리 시간이라서
아무 탈 없이 살아도 길어야 15년이라 생각하니
허무가 밀려옵니다
몸이 조금 불편하더라도
그냥 그러려니 하고 웃어넘기고
마음 편하게 사는 것이 제일이 아닌가

잘난 인생도 못난 인생도 한번 가면 되돌아올 수 없는
우리 인생을 어찌 바람이라 구름이라 말하지 않으리오
빈손으로 왔다가 빈손으로 가는 인생
그 무엇을 탐하겠습니까?

그대와 이렇게 대화라도 주고받을 수 있다는 게
얼마나 다행스럽고 복 받은 삶인가요
틈나는 대로 운동이나 하고
틈나는 대로 맛있는 걸 많이 먹고
건강과 기쁨이 넘치길 바랄 뿐이지요.
우리 모두 날마다 행복한 날이었으면 좋겠습니다.

어머님

늦게 밭에서 돌아오신
어머니
부엌에서 간신히 지친 몸을
문설주에 의지하고
식은 밥을 끓인다

어느 땐가
추운 겨울날 내복을
받으시고 좋으셔서 골방에서
만지고 또 만지고
훌쩍훌쩍 눈물 훔치시던
내 어머니

돌아서며 미소 짓는
그 모습이

또
돌아오지 않는 시간이지만
내 몸 속에 세포가 새로이 눈을 뜨듯이
눈에 자꾸자꾸 밟혀……

동백꽃

그렇게 말없이 지고 있나요
그렇게 철없이 떨어지나요
붉은 그 입술
수줍어 그렇게 떨어지나요

엄동설한
모질게 참아왔던 그 순결
감춘 채 그렇게 떨어지나요

절개 지킨 늘 푸른 잎
둘러싸인 보기 힘든 그 모습
간직 그렇게 소리 없이 떨어지나요

붉은빛 흰빛 어울리는
부풀어 오르는 밀물 탓인지
부끄러워 그렇게 떨어지나요

남쪽에서 불어오는 바람 탓
옷고름 풀어헤치고 치마를 들추며
속살을 간질며 그렇게 떨어지나요

사랑

사랑은
쉬운 게 아닌가 보다
영혼과 사랑이 어디에 있냐고 묻는다면
행복이 오랫동안 사랑이 익었다고
꿈 같은 이야기들을 하고 있습니다

사랑은 항상
벼랑 끝에 당신을 기다리는 것 같다고
사랑은 고슴도치가 새끼를 위해
계란을 훔쳐 깨질까 봐 아슬아슬
얇은 얼음 위를 걷는 것과 같다고 말합니다

하늘은 오늘도 말간 얼굴 내놓으며
하나의 사랑노래를 부릅니다
마음 보이지 않은 한길 빛이 되었을 때
당신의 마음 창가에 기대니 푸르게 멍든 바다엔
시원詩原이 펼쳐집니다

구름 사이 아름답게 보이는
시詩 그리고 이야기

바람이 보내오는 음악 소리에
당신의 마음을 뜨겁게 합니다
마음속에 작은 화산火山이 사랑을 태웁니다
이 밤에도……

– 스산한 달빛 아래 그 어느 날 추억

핑경 소리

산사에도
어둠이 찾아오나 봅니다
떠돌이 바람은 쇠붙이를 붙들고
하소연하듯 머리를 칩니다
빈 마음 울리는
핑경 소리 웁니다

무상한 달빛
이상이 넘치는 별빛 아래
적막을 삼키는 허공 속에
핑경 소리 웁니다선

매서운 눈보라 속에서도
피어나는 한 송이
설화의 사연을 아는지
핑경 소리는 웁니다

분명 전설적
아픈 사연이 있나 봅니다

복분자

장렬하게 쏟아지는
6월의 태양 하늘 아래
정력으로 맞서는
빛나는 무수한 구릿빛 탱탱한 얼굴들
보석처럼 빛난다

안개 속을 걷기도 하고
천둥 비바람을 맞으며
길러 낸 행운의 열쇠
보배 같은 정력으로 변화돼
지구를 뒤흔드는 그 강자
그 요강
긴 시간 꿈속에서 무지갯빛 감돌고

기억들
눈감아도 보이는 그 경련이
떨림이 깊은 밤이면
더욱 빛나는 그 가치
내 몸속 영혼까지 뜨겁게 달구었지
사랑으로 보답하는 신이 내린 선물

빈 들 · 2

어제만 해도 저 넓은 황금들에는
오곡들이 파도처럼 넘실거렸다
그렇게 부모님들 땀방울 흘리던 초원 위에
함께했던 자리 영위하던 곳입니다
멀리 아롱아롱한 빈자리 지친 마음이었지만
자연으로 치유했던 곳입니다

섣달 하얀 눈이 내리는 백지 위에
귓가에 매서운 바람 소리도
빈 들을 할퀴고 지나가는 곳입니다

눈보라 치는 빈 들을 바라보며
비탈길 오르던 능선 양지바른 곳
호미 벗 삶의 소리들이
멜로디로 들리던 곳입니다
손마디 마디 굳은살 박히던 곳입니다

혹한 밤을 지새운 빈 들에는
이름 없는 발자국들이 새겨져 있습니다

차가운 바람이 드나드는 대문을 바라보면
꽃피는 새봄이 오겠지
저 빈 들에도……

선운사에 가면

바람 소리 새소리 그리고 물소리
한 아름 짊어져
일주문 들어서 좌우를 훑어보니
이제야 짊어지고 온 번뇌가 생각난다

까맣게 잊고 온 업보들
인간 세상 허상들이
기도하면 소멸되나 나약한 마음이

행여나 하는 마음 세상사 소원 빌어
현생극락 바라니 뜬구름 같구나

오욕에 젖은 마음
말끔히 비우려 하니
모질긴 인연 끊으려 간절히 기도하나니

미련한 인간 세상
욕심 같아선
연꽃 미소 짓는 부처님 마음 닮고 싶어라

설악

아침 햇살 안고 누운 능선
떠오르는 하루 일과를 세고 있습니다

악산 강원도 깊은 곳에
삶의 생명력을 불어넣는
비선 폭포가 보입니다
포기할 수 없는 산입니다
마지막까지 힘을 내어
한 줄 밧줄에 힘을 실어 봅니다

광폭처럼 쏟는 폭포는 신비함을 자아냅니다

혹여 영원히 만나지 못할지언정
좋은 기억만을
남기고 싶습니다
실낱같은 희망의 빛줄이
창문을 두들겨도
가슴에 스며드는 안개 같은 그리움은
떠나가는 그대의 뒷모습
애써 아름답게 보이기 위해서입니다

폭설

고요한 밤
마른가지 휠 정도로 쌓이는
하얀 눈송이
소복이 쌓인 솜털 같은 얼굴
길 울타리 구분 없이
눈부시도록
천지는 은막의 세계로 변했다

홍시
까치 밥 하나를 상가지에 놓아두었던
선조들의 지혜
이른 새벽 이름 모를 새들이
얼어붙은 홍시를 쪼고 있다
주린 배를……

열심히 소리 내어
동료들을 부른다
하늘 맴도는 동료들은
눈 쌓인 가지에 자리가 없다

얼마나 굶주렸을까 생각이 든다
명줄을 이으려고 아이스 홍시를 찾아

소리 없이 밤새 쌓인 하얀 꽃송이들
사랑하는 시간
형상 없는 연인처럼 가슴에 품고 있다
혼자만이 독백을 마시고 있는지
이 밤도 열병을 앓는다

생각하면 그곳은

말이 없는 강물에
죽을 뻔했던 곳 심장 호흡으로
기적으로 살아온
내가
그곳을 빠져 가려는
동맥과 정맥이 용솟음치며
거친 땀방울 흘리며
숨소리 끊어질 뻔 기진맥진 모깃소리 질렀지

흘러간 세월 뒤늦게 찾아간 곳
목 축이려
숙명 같은 또 하나
한번쯤 생각해 볼 만도 하려니
무슨 정으로~

아찔했던 흘러간 시간인데
그 물길이 그리워 찾는
명줄 같은 운명인가 봐!
세상사 물처럼 살아가는 것이라나~

글이 있다는 것은

글은
내 가슴에 숨이 붙어 있다는 것이다
문학을 위해 있지 않았나 보다
생활 문학 모두 잠들고 있을 때도
내 마음을 하나 더한다

이 밤도 피를 토하며 하늘의 소리 듣고 있다
여기에 아주 짤막한
내용으로 전한다는 것이
시인은 순수하기에 마음으로 글을 적는다

글은
천심이라 함부로 쓰는 것이 아니다
그 속에 나의 지식과 나의 인생이 있기에
생명과 같은 것이다
누구한테는 글이란 독이 되고 진로進路가 되는 일

오직 인생을 거는 것인가 보다
글에는 오직 천심이 있는 것이니 함부로
쓸 수 없는 법이기에 법이라 하는 것이다

산사 · 2

핑경 소리에 묻어
어디에서 불어왔는지
따스한 바람만이
내 등 뒤를 다독인다

마음자락 꽃피우면 어느 것 하나
아름답지 않으리
미움과 사랑 그리고 그리움
세월의 고개를 넘으면
많은 것들 배우리

실존마저 허상에 불과하다는 것
사랑이 참된 가슴 여리게 하는
익어 가는 사랑처럼
가슴앓이로 밤새워 뒤척이다
허옇게 새운 밤

그리움만이 밟히고 추억들만 묻어나
이제라도 마음 비워
산사에 놓고 가리

제 2 부

내 그림자를 보며

흘러온 추억의
이고 짊어질 이야기보따리는
달 수 없는 무게입니다

사랑 주고 싶어

사랑이 떠난 빈자리 너무 허전해
이 밤도 별은 수없이 모으고 흩어져
당신에게 주고 싶은 마음입니다

바람 부는 숲 잎새에도
사랑은 밤샘 그리움만 남기고 있습니다

그곳에 한 송이 꽃을 심어 보지만
사랑은 이별을 예감하고
내 평생 잊지 못할 그리운 추억 속에
주고 싶은 심장에 꽃은 핍니다

잊으려 해도 마음 또 사랑 되어 돌아와
사랑하는 마음 닫아 보지만
봄날 빗장 풀고 당신에게 창문을 열고 있습니다

푸른 창공 부르는 소리 들으며
내 마음 정리되면 詩作이나 할래요

그리움을 그리며 詩폭에 마음 담아
어둠이 묻어가고 고요한 밤 되면
조용히 당신에게 그리움을 보내리

내 그림자를 보며

대나무 그림자는
섬돌을 쓸어도
움직이지 않는 티끌
달빛은 호수를 뚫어도
물에는 흔적 하나 없습니다

흘러온 추억의
이고 짊어질 이야기보따리는
달 수 없는 무게입니다

흙탕물에도
더럽히지 않는 연꽃처럼
주인이 되어 서 있는
내 그림자
지워지지 않습니다

그토록
그리운 그대처럼

먼 당신 화자

그대 아름답다 못해
시퍼렇게 멍들어 버린 가슴
그리워하면서
그 소중한 설렘이

가슴에 감추어 버린 추억

먼 바다에
사랑의 씨앗을 뿌리던 그 시절이
지금은 그렇게도 사무치네요

자주 보지만 멀 것 같지도 않은데
멀게 보이고 가까이 가고 싶지만
다가가지 못하는 것이
잊지 못할 가슴에 있는 바다 같네요

마음으로만
그 이름을 불러보지만 들리지 않네요
호수처럼 잔잔한 바다 위로
그 이름 핏빛사랑으로 밀려만 가네요

고향 동네

고향엔
안개 쌓인 멀리 보이는 산중턱 옹기종기
실개울 따라 버드나무가 있고
풀피리 불던 시냇가
꼬마들의 웃음소리
깔깔거린다

마을 어귀부터 비포장도로 털털대며
어미 소 따라가는 송아지
바쁜 걸음이 귀엽고
송아지 울음소리 메아리 들리는
사람 사는 마을 같았다

메마른 어깨 위에 무겁게
엄니가 짊어진 나무지게에 삶이 보인다
개울 건너 물 가둔 논에
개구리 소리가 들린다

광주리에 담아 이고 지고 가져간
찬거리가 허기진 배를 꿀맛처럼 느끼게 한다

언젠가 굶주려 길거리에 쓰러진 나그네 생각도 난다

지금
고향 동네는 꼬마들의 울음소리가
언제까지 이어 갈까
흐릿한 추억이 안개처럼 떠오른다

오늘 생각

구름 없고 달이 뜨면
그날이 생각난다
하얀 눈이 쌓이면 눈이 온다고
그날이 생각난다

백담白畓에 비가 내리면 비가 온다고
그날이 생각난다고
시인은 말합니다

이제 긴 겨울 다 가고
그리움 담아 보자고
꽃 피는 봄 시작했으니
친구
밖에 나가 밥 한 그릇 따숩게 하자고

오늘은 내가 먼저
전화를 걸어 보아야겠다

퇴직한 친구 밥벌이 하느라
보내는 시간 생각하면

좋은 사람 만나
따뜻하고 행복한 웃음 가득한 한 끼
보낸 시간 참으로 행복합니다

세월을 엿보며

내가 쳐 놓은 울타리 안에
세월을 엿보며
이제는 내가 갇혀 있노라니
잡을 수 없는 시간이지만 시간은 흘러가고

어느덧 공터가 되어 버린 그 자리에
무심하게 내리는 서녘 햇살 몇 줌 주워 먹으니
심술궂게 날리는 흙먼지
지나가는 바람만이 추억을 만들고 있다

내가 살던 낡고 오래된 초가 한 채
낡은 지붕 한켠에는 세월을 먹었는지
이제는 지친 몸으로 서까래 추녀는 삭아 내린다

몸이 지치도록 밀고 가는 세월
좋은 시간 다 버리고
저토록 허공만 맴도는지
이 몸 언제라도 빠져갈지 모르겠다
내 사랑 그대 곁에
세월 기대며 마음은 가까이……

잡초 · 3

산허리 어느 곳에
엔진 소리 칼날이 번득이며
무지막지스레 말없이 베어 나간다

당당하게 버티는 잡초의 정신
쓰러져 나가도 굴하지 않은 모습
마치 애국지사 같은 불사조 같다

피가 튕기고 살점이 튕겨도
할 일을 다한 것처럼
그렇게
천년을 버티어 왔던가

청산에 태어나면 아름다운 자연이 되고
논밭에 태어나면
지겹도록 버림받는 잡초
모두가 반겨 주는 초원이 그립다

삶터

– 승용차

가을
떨어지는 낙엽 주우며
바람을 안고
맨발로 달리듯 달리는 차창가
하늘 소리만 스치고
용광로 같은 삶터로
명줄 같은 현장으로 안내합니다

어제 만난 철희는
내일의 운명을 아는지 모르는지
그날의 희망과 흐르는
값진
땀방울을 알몸으로 훑어 내고 있습니다

오색 소박한 꿈 버리지 못한 채
내일의 희망이 아련히 되풀이되는
나의 모습인데
마음은 벌써
흩날리는 낙엽 길을 가고 있습니다

강렬한 태양도
소낙비 먹구름을 이기지 못하고
시원함으로 변하고 있습니다
타이어 발자국에도

뇌리엔 삶의 추억이 스쳐 옵니다

선운사禪雲寺 · 4

선운사 종소리
칠산七山 앞바다에서
불어오는 바람입니다
엄니의 추억
비명 소리를 묻어오는 소리입니다

그놈의 명줄 등에 맨
파도 너머까지 들리도록 빌던
엄니 소리 함께 옵니다
핑경 소리 바람 소리

오욕五慾에 쌓인
중생의 마음을 울려 줍니다
행여 지은 죄 씻으려 무릎 닳고
허리춤 굳어굳어 삐꺽 소리 나는데
그 기도 소리 숨소리 들리지 않나요

이 밤도
선운사의 종소리 바람 소리 들으며
마음 마디마디 씻고 있으렵니다

떠나는 사람아

별 하나 보이지 않는 어두운 밤하늘
마른번개만이 가끔씩
보이지 않는 길에 손짓한다
밤이 새고 나면
돌아오지 못할 길 준비하고 있다

길모퉁이 한켠에 빛바랜
전등 불빛 아래 두고 온 그리움이 있다
주인 잃은 고무신 한 켤레
밤이슬에 젖어 가고 있다
어둠이 처마 끝에 떨어지고
기약 없는 먼 길 떠나려니
밤새 쉰 목소리 앞세우고

영구차 이승다리 건너갈 때
안개 쌓인 마음 몇 번이고 둘러보고 갈 건가
붉은 노을과 한 줌 재로 바람결 따라 흩날려
되돌아 못 오는 저 저승길
마음속 붉은 눈물 소리 없이 흐르고
머물다 간 마을은 안개 속에 묻어 있다

다낭에 가면

막힌 가슴 뻥 뚫리는 수평선
체증까지 썰물처럼 쑥 내려가는 해수욕장
아련히 황소처럼 밀려오는 검은 파도

끝없이 펼쳐 있는 은모래 백사장
별빛 쏟아져 함께 우는 파도 소리
무섭게 개발되는 다낭
잠재력 화산처럼 솟고 있다

수평선 너머 용궁에서
보석처럼 밀려오는 물보라 자욱한
해변

하늘이 내린
천 년의 보고인가
다시 찾을 수 있는 그리움이여!

동트는 새벽
백사장 위 셀 수 없이 병풍처럼

산처럼 나타나 부서지는 하얀 거품 파도들
오늘도 내 마음엔 끝없이 이어집니다

- 2017. 12. 14. 다낭에서

당산 어른

줄 매기 대보름
큰달 오르니 어둡던 동네 길
버석버석 일어나
꽹과리 소복 안고
하늘 메우는 메아리 소리 동구 밖
한 바퀴

신작로 고갯길 줄줄이 돌아
힘자랑 젊은이들
한판놀이 큰 눈 닮은 보름달 바라봐
흥겨운 한마당 광대놀이

아이들 뒤범벅
시끌벅적 뒤따르고

신명 난 지주 밟기 기우는 큰달아

넉넉한 당산 어른
천년 수호신이여!

오곡 들판 무병장수
할머니 정성 모아 빌고

울타리 너머로
고개 밀어 흥겨워하는 아낙네들
마당 꺼지도록 풍년놀이
큰달 흥겨워 함께 추고
포근히 당산 옷 입히는 '풍년 약속'

지리산

어머니
품속처럼 포근한 사랑
그 깊이를 알 수 없습니다

한반도 깊숙이 자리한
민족의 기둥이었습니다
겹겹이 둘러앉아
흔들림 없이
버팀목이 되어 준 명산들

헬 수 없이 인류의 아픔을 안고
역경 속에서도
한민족을 지켜 낸 자존심입니다
한반도의 중심축이 세계의 축이 되는
보배의 명산
우리의 삶터를
안전 축으로

오늘도 말없이 그 위엄으로
세계의 품속이 되리

사랑 놓고 떠나던 밤

천만번 생각해도
되아픈 마음으로
당신을 놓고 뒤돌아 오는 발걸음
옮겨 흘러 흘러만 갑니다

지치도록 걷던 발자국 마음
그곳에 놓고
그렇게 아끼던 텃논을 팔아
고향 떠나던 그 아픔 같습니다

바짓가랑이 찬이슬 털고
풀잎에 밟히던 날에도
텅 빈 외양간처럼 가슴속 비어
슬프고 외로움으로 채워집니다

도둑맞은 마음으로
아픔의 상처는
언제나 치유될까
드넓은 바다처럼
끝이 보이지 않습니다

제 3 부

그 대

물결처럼 휘감듯
아픔도 기쁨도 함께 숙명처럼 안고
제 몸을 드러내지 않는 바람결처럼……

설화의 자태

벌써부터
소문이 자자하다
동장군이 찾아온다고

오늘따라 부지런을
새벽부터 부산하다
그동안 온 누리를 지켜 왔던
무리 궁상들인데

올해도 한 번은 찾아가야 한대요
이미 마음을 정한 것 같다
아쉬운 발걸음이지만

이제 떠나가 죽을지언정
추하게 보이지 않으려는 화려한 모습
춤을 추듯 지상을 향해
마지막 운명의 길인데도
맑기만 하다
죽어 생명의 밀알이 되는
샘물이 되리라.

웃는다

당신을 보고 나는 먼저 웃습니다
당신도 따라 웃지요
그래서 나는 당신을 사랑한다고
당신도 따라 그랬지

삶을 웃어 보이고 싶어
당신 곁에 살며시 다가서면
바람도 따라 웃습니다
훈풍도 바쁜 걸음을 재촉합니다

옛님 가슴에 웃음이 닿아
거울을 보고 웃어 봅니다
거울 속 님 따라 웃습니다

무슨 실패를 하면 비관하고
이제 끝난 거라고 생각해 버립니다
실패 속에서도 희망의 봄은 떠나지 않고
당신 오기를 기다립니다
용기 내어
어느 삶의 길목에서 한번쯤 웃어 보죠

봄 소리 · 5

설원에 덮인 계곡에도
얼어붙은 실개천에도
이제 흐르는 봄 소리가 납니다

설한풍을 뒤집어쓴 바위틈에도 놀라운
새싹이 움트는 기지개가 시작됩니다

꿈처럼 봄소식이 들리고 있나 봅니다
강풍을 한 몸에 안고 움츠리던 느티나무에도
가늘게 솜털을 내밀며 실눈을 뜨고 있습니다

진달래 화려했던 몸도
시들어 죽어 가던 영혼들도
봄소식 따라 움트고 있습니다

마른 가지에 순정의 아가씨 가슴 젖꼭지처럼
샘물이 틉니다
멀리 떠나갔던 님도
봄 소리와 함께 오시려나 봅니다

겨울
혹독한 대가를 치른 자에게만
봄의 소리를 들을 수 있나 봅니다
이 봄 소리를~

나무

내 몸뚱이 홀로
산등성에 서 있다
장송 세찬 비바람에도
혹한 겨울에도
세속에 썩어 흘러
들어오는 물결에도
인간 세상에서 불어오는 부정부패도

황사 되어 내 몸 씌워도
부끄럼 없이 꾸임없이 정화되어
하늘을 향하고 있다

가끔씩 잔인무도한 짓들
목소리 되어 들려와도
아픔에도 오염되지 않고
욕심 없이 오늘도
그곳에 서 있다
너희를 바라보며……

– 경남문학관 육필전시회

그대

오늘도 그대의 사무친 아픔은
또록또록 그리움으로 영글어 갑니다
진정 사랑은 이렇게 아픈 건가
맨발로 거친 삶을 살아도
사랑은 지워지지 않는다는 것을
뭔가 그토록 잊으려
애써 깎고 찍어 지워 버려도

불꽃처럼 스쳐 가는 그대의 모습이었습니다
이제는 불꽃을 끄고 싶어도
꺼지지 않는 것이
사랑이라는 것을 알았습니다

비바람 쳐도 사랑은 속살을 드러냅니다
다빈치의 화폭 속에서도 사랑의
아픈 상처가 보입니다

물결처럼 휘감듯
아픔도 기쁨도 함께 숙명처럼 안고
제 몸을 드러내지 않는 바람결처럼……

봄바람

하이얀
눈 속 내내 고독하게 흐르다
바위에 부딪치는
떠돌이 바람아

우수가 다가오니 맛부터 다르다
간밤에 입맞춘 꽃잎 향기가 묻어 있나 보다

죽은 것 같은 가지에도 피가 도는
맥박 소리가 나고 있다
얼음을 헐래헐래 밀고 나온 물소리도
혹독한 겨울 맛을 알았을 거다

설한풍 감옥에서 수인처럼 갇혀 있던
내 마음에도
훈풍처럼 불어오는 봄인가 보다

그리움

꽃이 피는 아침에는
그리운 그대에게 편지를 씁니다
그지없는 향기 속에
취해 버린 마음을 달랩니다

산을 사랑하는 마음으로
노란 국화꽃 소쩍 소리도
산울림으로 보냅니다

낮에 뜬 눈썹달도
호수 속에
오랜 시간을 보내고 있습니다

그곳에 묻혀 있는 슬픈 사연을
별을 세는 마음으로
삭히며 흘러갑니다

하늘가 큰 바다
나루터에 다다르면 혹여 그님을 뵈올까
그 옛날을 생각합니다

바다 · 3

아침 바다 물결은
비단처럼 흐르듯 잔잔합니다
아직 일어나지 않은
아이의 얼굴처럼
고요히 새근거리며 흐릅니다

성난 얼굴
금방이라도 대지를 삼킬 듯
달려들던 어제와는
두 얼굴이 보입니다

작년에
참게 잡던 조카도
조개 캐던 아낙네도
그물을 치던 건너 아저씨도
큰 파도 속으로 사라졌습니다

바다는 마음대로
뻘을 내어 주기도 하고

마음대로
앞서 가는 두 얼굴이 있습니다

오늘도
바다에 목숨을 건 삶의 터전으로
명줄에 매달리는
바다
숙명처럼 물결을 바라봅니다

인생이 올 때와 갈 때의 여정

세월 품에 안기어
소리 내어 흘러가는 맑은 물
조심스레 두 발을 담가 보고 있습니다

발원지에
꿈을 안고 쉬지 않고 흘러온
너의 모습이
내 마음 심장을 스치고 있습니다

너의 순수함이
연잎 같은 욕심 없는 것 같구나
많은 물방울이 연잎에 앉아 있어도
필요 이상은 버리는 흙의 진주 마음처럼

인생이 올 때와 갈 때의
길
저 강물 따라 흘러가는가 봅니다
여운도 없이
세월에 묻어 버리는 것이라니
하나의 인생인걸!

삶 · 4

업보를 짊어져
지나온 내 그림자 그렇게 힘겨운데
삶이 힘들어도 세월은
위로해 주지 않는다

오늘도 삶에 속아도
희망을 바라보는
내 마음 한 자락이 내어 줍니다
암흑을 걸어도 희망이 있다는

나의 꿈이었기에
뒤 보이지 않는 절벽에 떨어질지언정
웃으며 걸어요
죽음이 온다 해도 실감 못한
따스한 온기를 찾아

명예 체면 넉넉지 못한 과거
속사정이야 모르겠냐마는
내일을 모르는 자신의 길을
지금은 안개 길처럼 살아요

고향의 봄

– 실향민을 보면서

꽃 아름 접어 들고 가고픈
꿈에도 그리던 고향
언제 갈지 모르는 고향인데
풋바람 안고
그렇게도 달려가고픈 고향입니다

그리움만 언제나 풍선처럼 커져
수많은 사연들을 담고 있어
금방이라도 터질 것 같습니다

쌓인 사연으로 밤새워 달려가
부모님 품에 목놓아
살아온 지난 세월을
숨차게 풀고 싶습니다

목이 메인 기적 소리에
서리 친 차창 가에
그려 보는 한 장의 사연에도
어머님의 모습이 서려 있습니다

이 밤도 마음으로
달려가고 싶은 고향입니다

천계산의 아침

– 이사하는 날

흰 안개 피어오르며
병풍처럼 뻗어 있는
천계산자락
한 줄기로 이어 물줄기 쏟아 내고

깊숙한 수목들 어울러 내 가슴에 닿으니
힘겹게 세월에 매달려 씨름하던
시간들이 씻기는 듯 위안이 됩니다

오복오복 짚단을 쌓은 듯 봉우리 뻗어
내려온 가닥들
내 마음에 힘과 용기를 주는 것 같습니다

절인 물고기처럼 잔인한
시간들을 이기며
오뚝이처럼 일어서고
또 일어서는 마음의 원동력은

어머님의 따뜻한 사랑이었던가 봅니다
열려 있는 출입문을 닫으며
빙그레 웃으며 어머님 얼굴을 그려 본다

그날

운명
태극기 아래 편히 누운 고인
이렇게 허무한 것인데
너무나 머어언 길을 돌아온 것 같습니다

낳고 떠나가는 길이
어찌 고인의 몫이겠냐마는
통곡하는 가족들 유족 속에도
고인은
그렇게 다정하고 인자하신 모습으로
맞이하던 일이 어제인데

오늘따라 왠지 말이 없다
소리 없이 창밖에 내리는 우수는
빈손으로 가는 고인의 눈물로 보내는 듯
마음만 적시고 있습니다

가슴 터지도록 소리 없는 통곡으로 묻으오리까
땅이 꺼지도록 무겁게 사랑하시던
그 사랑 어찌하라고

이 무거운 발걸음 옮긴단 말입니까
강물 되는 눈물 어찌하오리까

이렇게 가는 것을 이렇게 흙으로 가는 것을
삼가 명복을 빕니다

– 2012. 7. 14. 삼촌 운명殞命

봄

봄은 이미 내 곁에 와 있었습니다
애써 보지 않고 살아온
지난 세월이었습니다
마음에는 언젠가는 별도로
오는 줄 알았습니다
착각 속에서 고난한
하루하루를 보냈습니다

봄은 몇몇 사람들의 소유물인 줄 알았습니다
겨울의 혹독한 추위도
봄한테는 이기지 못하고
자리를 내어 줍니다

거친 손 꼬옥 쥔 것 같은
모습이던 꽃봉오리는
어느새 웃는 봄입니다
거북 등 같은 피부 속을 밀고 나와
향기를 담는 얼굴로 피어나는 꽃잎입니다

내 모습도 향기 따라 가나 봅니다

제 4 부

내 마음같이

내 마음에도 가는 곳마다
주인이 되어 진리의 자리가 되는
참사람이 되고 싶습니다

상사화

무심한
세월 앞에 기약 없이
기다리는 홀로 선 망부석

오늘도
하염없이 산 너머 하늘만 바라본다
봄 여름 죄다 지나가건만
그대만은 뵐 길 없네

선운산
계곡 물소리 철 이른 낙엽만 잃고
아는지 모르는지
내 곁을 흐르고 있네

꼭 한번은
만나야 할 님
보이지 않은 내 가슴 까맣게 타는걸
이젠 소리 없이 돌아가
붉은 꽃잎 되어
진한 한숨으로 흐르리

잡초

태풍 불어온다
또 머지않아 찬바람이 불어올 것이다
질경이라 불러 다오
모진 겨울
추위도 견디어 왔다

전설처럼 살아온 잡초
돌봐 주는 이 없어도 질긴 마음으로
살아왔다
밟고 밟혀도 눈물 삼키며 말없이
다시 일어서는구나

절벽 바위 뚫고 솟아나는 석초
번식을 위해서는 목숨을 건다
오늘도
농부의 손에 여지없이 뽑혀 나간다
잡초의 이름으로

그래도 어딘가에 대를 이을 것이다

어느 시인

별빛이 쏟아지는 날
그리움이 생각난다
바람 불고
창문에 빗줄기 후려치던 날
그날이 왠지 생각난다
시인은 말한다

길게만 느껴지는 추운 겨울
말없이 봄에게 물려줍니다
꽃피는 봄빛에 기대어
긴 기지개를 켜 봅니다

친한 친구에게
소식을 전하던 날
알바 생활로 시간만
죽이고 있는 친구

좋은 친구 만나 그리움을
함께하던 시간이
참으로 기억에 남습니다

아깝도록 흔들리는 그리움
지나가는 길목마다
보고 싶은 얼굴입니다
숨 가쁘게 먼 길을
말없이 돌아와 봅니다

오늘도 그 친구
그리움을 페이지에 담아 봅니다

산사山寺

아~ 꿈이었으면
떨어지는 낙엽
삭풍 가지 움켜쥐고
밤하늘에 떨어지는 별들과 함께
몸부림쳐
고요한 산사의 종소리 들으니
세욕世慾에 쥔 손 놓고 싶다

바람 소리 들으며 세상살이
사랑스럽게 스쳐 가는 바람 소리도
애써 잡으려 하지 말라
들려오는 인연 소리 어찌하리

누가 씌워 놓은 너울도 아닌데
내 스스로 얽혀 맨 고리
멀리 가슴에 못 박고 떠나온 세월
내 업보 짊어져 가는 산사
일주문 들어서
초라한 자신만 발견하고
마음은 나락奈落에 떨어집니다

내 마음같이

한 잔의 차를
마시는 시간에도
마음속 뜰에는
물이 흐르고
꽃이 피고 있습니다

소리에 놀라지 않는
사자와 같이
그물에 걸리지 않는
바람과 같이

내 마음에도 가는 곳마다
주인이 되어 진리의 자리가 되는
참사람이 되고 싶습니다

흐르는 시냇물은
누구의 눈치도 보지 않고
그냥 묵묵히 평화로이
흐르고 있습니다
내 마음과 같이

– 경남마산문협 최고우수작품 선정

마음

이제는 말없이 마음이
내려놓아 집니다
예전에는 비워야겠다는 마음
내려놓아야겠다는 마음이 아니었나 봅니다

이젠 후련할 것 같습니다
깃털처럼 가벼워질 것 같습니다
그렇게 어려웠던가 생각하게 합니다

세상사가 그렇게 아름답게 보이는 걸
이미 욕심과 권위주의로
자신도 모르게 포장되었을 것 같습니다
보이지 않는 것들이
부인할 수 없는 사실인가 봅니다

안고 있는 허울들이 왜 그렇게 필요한 것처럼
쌓아두고 챙기고 갈구했던가
거기가 거기인 걸 마음과 마음의 간격이
어디 따로 있던가

하나인 걸 알면서 격이 있는 것처럼
살아온 삶이 지금이라도 나락을 벗어난 것처럼
삶이 다행이라고……

– 석봉암 암자에서 삼천배를 하고 나니

상사화 사랑

서녘 너머로 보낸 님들을
기다리는 마음
모두 선운산 자락에
붉게 타는 꽃잎으로 모여 있습니다

큰 동산 만들고
계곡을 메우고 있습니다

마음에는 님을 담고
어쩜 우리에게 억겁 절 쌓인 인연이
서로 엉켜 있는 사랑인가 봅니다

영원히 보지 못할 님이지만
항상 곁에 있다는 걸

이제
선운산 계곡 물소리 따라 소식이나
전하고 싶습니다

갈대

남도 삼백 리
말하지 않아도 어김없이
순천만의 가을은
소리 없이 여름을 내어 주는
갈대의 모습
깊어 가는 순천만 허물을 벗듯
갈대꽃으로 천국을 이룬다

진흙 벌 내음 뒤집어쓴 천혜의 보고
갈대의 살아 움직이는 숨소리가
생명을 불어넣는 습지가 되고 있다

밀려오는 갯벌 내음 가득
바다를 한 몸에 안아 보는 느낌이다
바람결에 흔들거리는 하이얀 몸짓이
물결처럼 춤을 추고 있다

갈대에 숨어드는 은빛 물결이
가슴을 뚫고 들려오는 아슬아슬하게
떠오르는 갈대의 순정이다

제주 바다에서

망망대해 아스라이
달리는 말발굽 아래 이는 뽀얀 먼지 속 같은
물안개 헤치며
미친 듯 달려오는 파도야!

하늘바다 맞닿은 한일자 너머에
누구의 품에서 그 큰 힘 있어
어마어마한 산처럼 달려온 파도여!

종착역
부딪치고 퍼렇게 멍들고
깨어지는 너의 모습
하얀 물거품으로 변하고 마는구나

그 힘으로 달려온 너의 모습이
정녕 이것이었더냐
인생과 같지 않느냐

까치설날

색동저고리 입고
설맞이하던 추억이 떠오릅니다
산채나물 정겨운 저녁밥상에
고운 미소 가득히 추억을 올려놓고
옛날이야기 하던 그 시절

예전에는 지칭개가 몸에 좋다는 걸
몰랐습니다
그냥 잡초로만 알고
한때는 몹쓸 것으로만 생각하고

때로는 여지없이 뽑아 버렸던
내 모습이 보입니다

새봄이 오면 얼굴을 내미는
지난날이 떠오르는 지칭개
큰상에 올려놓고 웃음꽃 피우는

작은 피가 흐르는 정겨운 이야기들……

추억

마당에 소복이 쌓인
밤새 내린 하얀 눈
아침엔 따뜻한 햇살 받아먹고 있다

양지쪽은 제법 엷은 김이 올라오기도 한다
처마 밑에 떨어지는 물방울은
고드름 되어 한발씩이나
속옷을 발가벗은 채 거꾸로 매달려 있다

일찍부터 헛간에는 참새 떼들이 몰려와
북데기 속에 무엇을 열심히 찾고 있다
쇠고기 열 근 하고 바꾸지 않겠다는 할아버지 말씀

요놈들이 내년엔 들판에서
힘들어 지은 곡식을 먹을 놈들이라며
참새잡이 준비를 하시던 일들

세월이 말해 주는 억센 손길로
미투리를 삼으시며 털은 곱게 뜬으시던 할아버지

이마의 굵은 주름살 속에 모진 세월들이
고개를 넘은 듯 흔적이 보인다

한 많은 세월을 살아온 할아버지
고생은 내 생전에 끝내야지 하시며
지난 세월을 둘둘 말아 가신다고 하신다

오늘 손주 녀석 짚신을
한 켤레 삼겠다고 사랑을 삼겠다고 하신다
구운 고구마에 피어나는 아지랑이
옛 추억을 더듬어 먹고
주식으로 그 시절 살고 가신 할아버지
조용히 눈을 감고
지금도 추억을 캐내어 가끔씩 먹고 있다

상사화 · 2

선운산
산허리 아래 동산에는
피를 토해
뿌려 놓은 듯 색칠한 듯
그리움에 지친 마음을 풀어 놓아

넓은 초원에는
홍화의 낙원으로 펼쳐져 있습니다

그 많은 시간 남몰래 가슴앓이로
기다리던 님이여
또 저 달이 뜨고 져도
소식조차 듣지 못하는 님이시여!

그 모습 그렇게 힘드시나요
오늘도 꽃잎에 쌓이고 쌓인 왕관을
헬 수 없이 치장한 나날

무심한 세월 앞에 내려놓아야 하나요
한번은 만나야 할 꽃과 잎 보고픈 님인데

기다림

오지 않을 것을 알면서
올 것 같은 당신
보고 있어도 현실 같지 않은 그대

나도 몰래 수화기를 들고 있는 손길
지금 어디쯤 살고 있을까
어두운 길을 헤매고 있을까
어두운 새벽 동트는
해오름을 바라볼 것 같은 당신

껌벅거리는 가로등
아침 안개에 얼굴 묻고 밀려오는 그리움이

바람은 이내 아침을 적신다
마음껏 주고도
더 줄 것을 생각하는 넉넉한 사랑
사랑은 자석처럼

기다림이
내 영혼 속을 떠나지 않는다

봄이 오는 길에

실바람 타고 함께
봄이 오는 것 같습니다
얼음덩어리 밑바닥에
꿈 속삭이듯 흐르는 물소리
생명이 잉태하는 소리가 들립니다

아득히 멀게만 느끼던 봄날
어느새 양지바른 산골에는 새싹 생명들이
대지를 찢는 소리가 들립니다

냉이도 캐고
달래도 캐고
바구니에 봄을 가득히 캡니다
빈손이었던 것이 봄볕을 움켜쥐고 옵니다

쌉쌀한 맛은 봄을 씹는 향긋한 맛이었습니다
봄 향기는 내 마음을 파고드는 것 같습니다
대지를 밀고 봄 내음을 밀고 옵니다

봄이 오는 길에서

나의 영혼

영혼은
시간이 없다는 것을
내 어릴 때 개구쟁이 장난들이
어제같이 생각이 납니다

삶의 찰나刹那에 지나다
내 몸이 소멸해 가는데도
영혼까지 소멸되지는 않나 보다

물과 같이 모나지도 않고
또 흠집도 없이
내 영혼은 상처도 나지 않습니다

잊을 것도 없고 생각하는 것도 없는
부정도 말할 수 없는 생각의
세계인 것을

내 영혼을 생각하기에 매달려
명줄까지 의지하는
무상無想에 해답을 물어봅니다

고방규(高方圭) 시인

■ 약력
- 창신대학교 문예창작과 졸업
- 한국시조시인협회 회원
- 한국문인협회 · 한국시인협회 회원
- 세계시문학회 총무국장
- 수림문학회 회원
- 고창문인협회 회원
- 새시대문학 운영위원
- 새시대문학 마산지회장
- 홍덕향교 전교 역임

■ 수상
- 한국시조문학 신인상(2003)
- 문화예술 신인상(2003)
- 창녕문화예술제 전국백일장 입선(2003)
- 청마전국백일장 차상(2004)
- 생활문학 신인상(2004)
- 생활문학상(2005)
- 새시대문학 작품상(2009)
- 세계시문학상 대상(2015)

■ 시집
- 『장미꽃 사랑(1쇄 2005 · 2쇄 2023)』
- 『당신이 물 위에 뜨면(2020)』
- 『연꽃의 속삭임(2022)』
- 『불빛 아래 두고 온 그리움(2026)』

■ 주소 : 전북 고창군 성내면 외옥길 53
■ 연락처 : 063-562-3356 · 010-8559-1616
■ e-Mail : kbg461227@hanmail.net

■ 문학예술카페 : 〈장미꽃 당신〉 운영

고방규 시집
불빛 아래 두고 온 그리움

초판 인쇄 2026년 1월 10일
초판 발행 2026년 1월 17일

지은이 | 고방규
펴낸이 | 김효열
편　집 | 이미정

펴낸곳 | **을지출판공사**

등록번호 | 1985 년 2월 14일 제 2-741 호
주　　소 | 서울시 마포구 양화진길 41, 603호
우편번호 | 04083
대표전화 | 02-334-4050
팩시밀리 | 02-334-4010
전자우편 | ejp4050@daum.net

값 15,000원

ISBN 978-89-7566-249-2 03810